Le boomerang de la trahison

Du même auteur*

Romans

Le roman de la Révolution Numérique
Ils ne sont pas intervenus (Peut-être un roman autobiographique)
La Faute à Souchon : (Le roman du show-biz et de la sagesse)
Quand les familles sans toit sont entrées dans les maisons fermées
Liberté j'ignorais tant de Toi (Libertés d'avant l'an 2000)
Viré, viré, viré, même viré du Rmi !

Théâtre

Neuf femmes et la star
Les secrets de maître Pierre, notaire de campagne
Ça magouille aux assurances
Chanteur, écrivain : même cirque
Deux sœurs et un contrôle fiscal
Amour, sud et chansons
Pourquoi est-il venu :
Aventures d'écrivains régionaux
Avant les élections présidentielles
Scènes de campagne, scènes du Quercy
Blaise Pascal serait webmaster
Trois femmes et un Amour
J'avais 25 ans
« Révélations » sur « les apparitions d'Astaffort » Jacques Brel / Francis Cabrel

Théâtre pour troupes d'enfants

La fille aux 200 doudous
Les filles en profitent
Révélations sur la disparition du père Noël
Le lion l'autruche et le renard,
Mertilou prépare l'été
Nous n'irons plus au restaurant

* extrait du catalogue, voir www.dramaturge.fr

4

Stéphane Ternoise

Le boomerang de la trahison

Sortie : 2 avril 2015

Jean-Luc Petit éditeur / Collection Théâtre

Stéphane Ternoise
versant
dramaturge :

http://www.dramaturge.fr

Tout simplement et logiquement !

Site officiel : http://www.ecrivain.pro

Le boomerang de la trahison

Pièce en quatre actes

Distribution : deux femmes, un homme.

55 minutes

Distribution : deux femmes, un homme.

Fanny et Stéphane furent brièvement amoureux durant leur jeunesse dans le nord de la France. Mais ils n'avaient pas dépassé le flirt et malgré l'éloignement sont restés "plus ou moins amis".
Internet leur a permis d'échanger de nouveau régulièrement.
Fanny, désormais en Espagne, est venue chez Stéphane dans son petit village français du Lot.
Stéphane y vit avec Momina, actuellement partie 15 jours à Djibouti chez ses parents.
Installés dans le canapé, les vieux amis reviennent sur l'épisode encore douloureux pour Stéphane : deux ans plus tôt, Momina l'a trahi, trompé, durant son séjour en Ethiopie auprès de ses enfants...

Fanny et Stéphane environ 45 ans.
Momina environ 35 ans.

Les quatre actes se déroulent dans la salle à manger / salon open space d'une maison ancienne, sans grand confort, où un canapé-lit sert de chambre d'amis.

Acte 1

Fanny et Stéphane dans le salon, assis sur le canapé, durant un apéritif.

Fanny : – Pourquoi ne pas en avoir fait une chanson ? « *L'image d'une femme idéale* » m'avait remuée, tu sais...
Stéphane : – J'ai essayé... Je vais t'embêter avec ça... (*il prend le carnet sur la table-basse*) Tu seras mon unique regard avant mise à la poubelle...
Fanny : – Tu balances souvent à la poubelle ?...
Stéphane : – Je devrais ! Mais j'ai pris la mauvaise habitude d'enterrer dans des cartons. Ils moisissent au grenier, comme d'affreux témoignages de mes échecs...
Fanny : – Tu veux dire que tu as encore tout... depuis le premier jour ?...
Stéphane : – Hé oui !
Fanny : – C'est génial ! (*Stéphane la regarde sans partager son enthousiasme*) Je suis certaine de retrouver des sentiments oubliés... ceux de notre jeunesse !
Stéphane : – Je n'oublie rien ! (*en souriant :*) Rien de rien ! Mais interdit d'ouvrir ! Et j'espère bien avoir le temps de tout détruire avant le mot fin !
Fanny : – Même pour moi ?
Stéphane : – Même toi !... ça a d'abord donné (*il ouvre le carnet*) :

Tu peux t'adonner à l'ironie
Penser à son bouc et ses fesses
Quand sur facebook je laisse des traces de
mon agonie
Tu n'es plus qu'une petite pute qu'il appelle
princesse

C'est le premier couplet, je n'ai jamais eu la force d'en écrire un deuxième et le refrain reste bancal :

Il m'appelait princesse
J'étais pas sa petite pute
Juste un ami avec lequel on discute
Dont on apprécie la tendresse
Quand elle est belle l'amitié
On peut déshabiller en premier

(*il tourne la page...*)

Fanny : – C'est une vérité d'ici, tes deux derniers vers ?
Stéphane, *revenant à la page précédente* : – Ah !... (*l'observant en souriant et reprenant doucement :*) Quand elle est belle l'amitié, on peut déshabiller en premier... ça te donne des idées ?...

Fanny : – Tu es en couple, je suis en couple... Tu as des raisons de la tromper, je n'en ai aucune de le tromper ! Retourne ta page !

Stéphane : – Et j'en ai écrit une de chanson, une vraie... Enfin, presque...
Fanny : – J'aurais donc dû prendre ma guitare...

Stéphane : – Tu composes ?

Fanny : – Malheureusement non... Mais j'aurais bidouillé...

Stéphane : – Oh surtout pas mes mots sur un air à la Cabrel !

Fanny : – Tu te souviens !

Stéphane : – Hé oui, c'est ce qu'aurait dit Victor Hugo, surtout pas un air à la Cabrel sur mes mots !... Oui, je me souviens de toi me chantant « petite Marie » dans ta chambre universitaire... et plutôt que de t'embrasser, j'ai laissé passer le temps... Tes copines, qui avaient eu l'amabilité de se découvrir une urgence à l'extérieur dès notre arrivée, sont revenues...

Fanny : – Tu sais bien... j'aurais été en colère si tu m'avais un peu brusquée... mais je l'attendais !... Oui, j'étais incapable de prendre une décision, à cet âge-là...

Stéphane : – Et moi, j'étais incapable de te... Même de t'embrasser !

Fanny : – On avait 20 ans !

Stéphane : – Et on ne les a plus...

Fanny : – Mais on ne retrouvera jamais cette fraîcheur, cette naïveté... N'en déplaise à l'autre, 20 ans est bien le plus bel âge...

Stéphane : – Mais il faut si longtemps pour le comprendre...

Fanny : – On va en arriver à la conclusion qu'il faudrait deux vies, une pour comprendre, l'autre pour vivre...

Stéphane : – C'est à chacun de redécouvrir l'eau chaude...

Fanny : – Vas-y... lis-moi ta chanson sans musique...

Stéphane : – *Trahison d'en mars*

T'avais l'temps de t'enfuir
Mais t'as voulu vivre le plaisir de trahir
Déstabilisée submergée
Tu t'es laissée consommer
Il t'a touchée partout
Dans tous les... sens du terme
Tu m'as traîné dans la boue
T'avais envie de son sperme

Le plaisir de trahir
D'ailleurs jouir
Y'a pas que les mecs
Y'a pas que dans les romans de Michel
Houellebecq
Le plaisir de trahir
Le plaisir de trahir

T'as joué l'ingénue
Découvrant un ami de cœur pas de cul
Te baratiner t'entuber
Amicalement t'allonger
Le matin me dire coucou
Dans un mail... anodin
On dit coucou au cocu
Et on repart au câlin

Le plaisir de trahir
D'ailleurs jouir
Y'a pas que les mecs
Y'a pas que dans les romans de Michel
Houellebecq

Le plaisir de trahir
Le plaisir de trahir

Le plaisir de trahir
D'ailleurs jouir
Y'a pas que les mecs
Y'a pas que dans les romans de Michel
Houellebecq
Le plaisir de trahir
Le plaisir de trahir

Fanny : – Tu devrais essayer de la faire chanter, elle mériterait que toute sa vie son indignité lui revienne dans le ventre. Puisqu'elle somatise sa passé, la pauvre bichette ! Je ne l'ai jamais vue et pourtant je ne l'aime pas ! Ce genre d'aversion ne me plaît pas. Mais il faut croire qu'il me reste un peu d'humanité !

Stéphane : – Humaine trop humain... (*après une pause, il sourit*)

Fanny : – Oui ?... Que me vaut ce sourire ?

Stéphane : – Ce doit être une déformation professionnelle de rimailleur... Il m'est venu un octosyllabe, avec rime !

Fanny : – Puis-je sourire également ?

Stéphane : – Pas certain que ça te fasse sourire...

Fanny : – Tu penses qu'on n'a vraiment pas le même humour ?

Stéphane : – Si tu insistes... « Humaine trop humain... Mais je n'ai jamais vu tes seins. »

Fanny : – Je m'attendais à une rime plus riche !

13

Stéphane : – J'aurais dû rimer "humain" et "tes mains" ?

Fanny : – Hé oui... il y a des choses qu'on ne s'est jamais montrées. Et qui n'existent plus ! Inutile de phantasmer sur les seins de mes 20 ans, ils ont perdu de leur fermeté...

Stéphane : – Ce n'est peut-être pas l'essentiel.

Fanny : – Tu as une autre chanson ?

Stéphane : – (*tournant la page*) J'ai également le début d'une adaptation sur « *je suis l'plombier* » de Pierre Perret :

Je suis l'cocu cocu cocu
Elle m'a humilié

(*il tourne la page en souriant tristement*)

Stéphane : – Tiens... « *Un coucou au cocu* »... Je l'avais oubliée celle-là... Même pas déposée à la sacem... De toute manière, qui chanterait ce genre d'histoire ?...

Un coucou au cocu

Un coucou au cocu
Et elle repart au câlin
C'est une femme qui se dit très bien
Une femme fidèle... fidèle à l'amour...
selon elle

L'amour c'est moi
Sauf certains jours
Quand elle croit que je l'aime plus
Alors elle change d'amour
Après trois jours s'aperçoit s'être trompée
Alors elle revient
« J'croyais qu'tu m'aimais plus. »

Sans état d'âme
Elle me demande de n'pas en faire un drame
Mais non j'suis pas cocu
C'est juste qu'elle croyait que je l'aimais plus

Elle n'a pas trahi
Elle est restée fidèle... fidèle à l'amour...
selon elle

Un coucou au cocu
Et elle repart au câlin
C'est une femme qui se dit très bien
Une femme fidèle... fidèle à l'amour...
selon elle

Non déposée... Oui, c'est qu'elle n'est pas finie... Encore un texte bancal...

Fanny : – (*en souriant*) Tu te fais mal vraiment pour rien ! Elle ne mérite pas que tu te penses humilié... Tu es un cocu pour elle... Mais elle ne l'est pas pour toi ! C'est là le problème de votre couple, pour toi...
Stéphane : – Tu crois vraiment que j'aurais dû la tromper ?

Fanny : − Si tu ne vivais pas dans un coin aussi paumé, tu l'aurais sûrement fait.

Stéphane : − Faire ou ne pas faire... mais tu crois que j'aurais dû ? Que j'aurais pu ?

Fanny : − Quand elle est repartie un mois sur les terres de son « déshonneur. »

Stéphane : − On passait des nuits sur Skype pour rattraper ce qui pouvait être sauvé.

Fanny : − Tu aurais bien pu les passer dans les bras d'une femme qui t'aurait apporté le soulagement de la marquer également au fer rouge. Puisque vous étiez dans une relation où la fidélité devait prévaloir.

Stéphane : − Pour tout te dire, je suis quand même allé à Montauban, une rencontre après échange de mails sur AcommeAmour... mais elle avait dix ans de plus que sur la photo !

Fanny : − Tu vois, ce ne fut qu'une question de circonstances... Pourquoi cherchais-tu quelqu'un ?

Stéphane : − Tu veux que je te dise... entre nous... je ne pensais jamais vivre avec une tarée pareille !

Fanny : − Et elle t'a trompé, et ça a suffi pour vous réunir sous le même toit !

Stéphane : − La vie est parfois stupide... quand on l'observe avec un peu de recul... mais tu le sais bien, parfois on se laisse entraîner...

Fanny : − Je le connais l'enchaînement... J'étais ta confidente ! Votre romantisme gnangnan... Vous auriez presque pu bredouiller de ce Cabrel !

Stéphane : – Tu sais bien, je n'y suis pour rien : je devais me convertir pour que l'on puisse vivre ensemble. Ce qui rendait la vie sous un même toit impossible. Et ensuite, elle ne pensait qu'à se faire pardonner, la question religieuse avait disparu... J'aurais dû me douter qu'elle reviendrait dès la période d'euphorie achevée ?

Fanny : – Franchement, moi, un mec m'avoue croire en Dieu... je peux au maximum rester une nuit avec lui, s'il a de l'humour... Comment peux-tu avoir confiance en quelqu'un qui se réfère à des vieux romans plutôt qu'avancer ?

Stéphane : – Et pourtant, nous sommes ensemble... Et ça se passe mieux qu'avec Mayline !...

Fanny : – Si Mayline est devenue ton échelle de référence, tu as de la marge ! Mais tu devrais avoir compris qu'il y a deux mondes, celui des athées que les religieux de tous poils veulent asservir...

Stéphane : – La religion est une affaire de croyances et tant qu'on n'oblige pas l'autre à partager ses convictions, l'entente cordiale est possible... J'étais un gentil naïf d'une gauche ouverte et tolérante...

Fanny : – Tu vois bien que ça ne marche pas ! Elle va revenir gonflée à bloc par sa famille, la conversation rimera avec conversion peut-être même avant mon départ !

Stéphane : – Je suis donc condamné ?

Fanny : – Parce que ta montalbanaise avait dix ans de trop !

Stéphane : – Franchement ? Je me crois incapable de coucher avec une autre femme !

Fanny : – Tu résisterais à la tendresse de ma bouche ?

Stéphane : – Tu parlais de toi ?

Fanny, *s'allongeant, posant sa tête sur ses genoux :* – Tu me connais quand même mieux qu'elle connaissait son Carlo !

Stéphane : – Ça ne suffit pas !

Fanny : – Bien sûr, nous ne ferons jamais l'amour ! Je peux te répéter ce qu'elle lui a bavé la nuit où elle a dormi chez lui sans « relations ». Peut-être a-t-elle également posé sa tête d'une manière très amicale à quelques centimètres...

Stéphane : – Tu joues à quoi ?

Fanny : – Amitié !

Stéphane : – Alors, je fais quoi ?

Fanny : – Tu changes de crémerie !

Stéphane : – Si la belle crémière, c'est toi, le changement, c'est maintenant ! Tu n'aurais pas pu prendre une telle initiative 20 ans plus tôt ?

Fanny, *se redressant :* – Oh ! Tu me casses toutes mes envies.

Stéphane : – Tu étais donc sérieuse et j'ai fait déraillé le train de l'incroyable !

Fanny : – Nous en resterons donc à l'Amitié ! L'Amitié avec un A majuscule naturellement ! Soit pas dans ton nuage, Stéphane, entre elle et lui y'a jamais eu d'amitié !

Stéphane : – Elle le prétendait, je ne la croyais pas.

Fanny : – Ils se sont connus, ils se sont mélangés. D'après toi, elle n'avait même pas l'impression de se foutre de ta gueule. Elle s'était persuadée d'une grande amitié ayant déviée, parce que la vérité, elle ne veut pas la voir en face : elle est comme les autres ! Loin de tes yeux loin de ton cœur, elle s'est tapé un amant, comme une voyageuse ordinaire.

Stéphane : – Elle s'exclamait « maman » ! Comme si le sol se dérobait quand j'osais lui balancer « salope » ou « petite pute. »

Fanny : – Maman, amant, voilà ce qui arrive quand on se ment ! Tu as séduit une poétesse ! La vérité fait parfois mal ! Tu crois qu'elle a assumé n'avoir été qu'une traînée durant quelques semaines ou qu'elle continue à vivre son cinéma ?

Stéphane : – Son ventre refuse son cinéma. Dès mars, dès qu'elle a commencé à me mentir, à me cacher son nouvel ami, même avant d'avoir couché, elle m'écrivait sur ses douleurs.

Fanny : – Et toi, grand naïf, tu croyais que c'était à cause de son concours !

Stéphane : – J'avais bien des sensations négatives. Mais comment croire une sensation qui t'imprime dans la tête "salope" pour la Femme que tu considères la plus digne du monde.

19

Fanny : – Vous me faîtes rire avec vos idées de dignité ! Elle s'est même ajouté l'auréole de la pieuse religieuse insoupçonnable ! Vous essayez d'être dignes par égocentrisme, vous souhaitez simplement conserver une très haute opinion de vous-même.

Stéphane : – Pas toi ?

Fanny : – Tu me connais finalement si peu... Je n'ai plus vraiment d'illusions sur le genre humain.

Stéphane : – Pourtant, à 20 ans, tu voulais croire au dialogue.

Fanny : – Bien sûr, avec Henrique, on dialogue. Mais je ne tomberais pas des nues si j'apprends qu'il s'est tapé une de ses amies durant mon absence.

Stéphane : – Tu l'as déjà trompé ?

Fanny : – Bien sûr que non !... On est séparés pour la première fois plus de 24 heures depuis notre « coup de foudre. » Et comme tu le sais, il neigeait ce soir-là !

Stéphane : – Et vous n'avez pas décidé de vivre sous le même toit avec la certitude de former un couple fidèle ?

Fanny : – Bien sur que si ! Pour qui me prends-tu ! Il me satisfait sur tous les plans !

Stéphane : – Tu semblais laisser supposer le contraire.

Fanny : – Arrête d'être naïf ! Je suis sincère dans tout ce que je fais. Sincère à mes désirs du moment. Mais je sais que mes désirs peuvent varier. Je peux lui dire, l'année prochaine à Noël on passera nos vacances chez mon frère avec une totale sincérité mais je sais bien au fond de moi qu'on ne sera peut-être plus ensemble en décembre. C'est la vie ! Il suffit d'y croire au moment présent et la vie décide du reste.

Stéphane : – Ça ne te dérange pas ?

Fanny : – Je m'accepte comme je suis, je n'ai pas la prétention d'être une merveille créée par un Dieu parfait à son image. C'est aussi ce qui la trompe ta chère et tendre concubine : elle ne peut pas s'imaginer pouvoir se comporter comme une garce alors elle s'invente un scénario d'amitié où elle a idéalisé un type finalement vulgaire. Va sur les forums, Stéphane, si tu ne me crois pas : chaque jour on est des centaines à inventer la même histoire d'amitié qui a dévié, à un mec qu'on aime finalement plus que tout mais qu'on a trompé car il était loin et qu'un connard avait du baratin, savait nous faire sourire, nous complimenter.

Stéphane : – C'est désespérant.

Fanny : – Pour toi qui est encore, vingt ans plus tard, dans l'illusion de l'Amour avec un grand A.

Stéphane : – Je connais ta grande lettre par cœur... Je l'ai relue des centaines de fois « *Il est 2 heures du matin, je reviens des granges et comme je n'avais pas envie de te quitter, je reste avec toi en pensées...* » Tu te souviens qu'elle débutait ainsi ?

Fanny : – Ne m'en veut pas... c'est si loin, plus de 20 ans, et je suis incapable de me souvenir du moindre mot... je me souviens juste, je me revois, te la remettre devant mon appartement à Lille, juste à côté de ta 205 noire, j'avais une folle envie de me jeter dans tes bras, de t'embrasser, et finalement j'ai eu la force de ne pas la déchirer et de te la donner, cette lettre...

Stéphane : – Notre vie aurait été bien différente si tu avais osé...

Fanny : – Nous serions remontés à l'appartement et aurions fait l'amour...

Stéphane : – Et on ne l'a jamais fait...

Fanny, *se serrant contre lui* : – Alors, ma plus belle phrase de cette lettre, c'était quoi ?

Stéphane, *après quelques secondes de réflexions* : – « Je ne sais pas t'expliquer ce que je ressens, les mots sont si faibles et c'est si trouble dans ma tête. »

Fanny, *en souriant* : – J'avais 20 ans !

Stéphane : – Mais c'était un aveu qui m'a tellement touché... Nous étions tellement tous dans la sensation de tout savoir... et toi qui en savais nettement plus que moi grâce à tes études de psychologie, tu venais m'avouer le doute... Cette humilité du doute a eu un rôle important dans ma vie...

Fanny : – Je ne le voyais plus comme ça... Mais oui, nous avons changé, compris des tas de choses... et perdu d'autres...

Stéphane : – Puis il y avait « Je croyais que la communication et la compréhension entre une fille et un garçon était impossible. C'était un rêve, une utopie, pourtant je continuais à rêver. En te découvrant, je me suis rendue compte que peut-être ça n'est pas si utopique que ça. »

Fanny : – Arrête, ensuite je devais te parler de ce Philippe... Je suis partie le retrouver en Alsace le lendemain... Je n'avais pas osé me jeter dans tes bras et lui m'a serrée dans le siens...

Stéphane : – J'aurais dû te prendre dans mes bras et tout aurait été différent...

Fanny : – Tu étais bien trop timide...

Stéphane : – Et maintenant ?

Fanny : – Je n'ai pas de réponse à tes difficultés de couple !

Stéphane : – Mais tu as la solution, au moins provisoire...

Fanny : – Je ne suis pas certaine de te suivre... Tu me résumes la solution dont tu me crois porteuse ?

Stéphane : – Dormir ne serait-ce qu'une nuit sur un mauvais matelas de canapé serait stupide quand on a la chance d'enfin être ensemble durant une semaine.

Fanny : – Est-ce nécessaire ?... Les femmes finissent-elles toujours par coucher avec leur meilleur ami ? Ou est-ce simplement par hypocrisie qu'elles appellent meilleur ami l'homme avec qui elles couchent ?...

Rideau

23

Acte 2

Quelques jours plus tard. Fanny, en pyjama, en position de yoga sur le canapé-lit où elle a dormi.

Fanny : – Avoir dormi dans ce canapé ! Ce n'est plus ma place ! Et les avoir entendus ! (*Fanny respirant fort*) Je dois cacher ma souffrance, je suis quand même la spécialiste du contrôle des émotions ! (*silence, profonde respiration*) Je ne vais quand même pas devenir jalouse ! Je l'ai connu avant et il a toujours été à mes pieds ! Je n'aurais jamais crû pouvoir me sentir aussi bien dans ses bras... Il était tellement lourd à 20 ans ! (*souriant*) Un adorable petit sauvage... L'indien comme on l'appelait... Je ne peux quand même pas lui avouer « je te trouvais tellement peu intéressant »... Cheveux longs, idées courtes, enfance difficile à guérir... Il a su évoluer, grandir, quand tant de jeunes plus avantagés sont devenus de pitoyables téléspectateurs prêts à s'enthousiasmer pour le PSG ou Sophie Marceau... Il a coupé ses cheveux et ses idées ont poussé !... Il a perdu des cheveux et gagné des neurones... Je suis venue en traînant les pieds et je n'ai pas envie de repartir ! Mais comment va se passer la journée ? Et je repars demain... normalement ! L'idéal, finalement, ce serait un ménage à trois ! J'aimerais aussi profiter de son corps à la princesse ! Depuis qu'il m'a montré ses photos "provocantes", elle me tente ! Le contenant pas le contenu ! Ou qu'il la quitte. Mais puis-je le lui demander ? Suis-je prête à vivre plus de quelques semaines avec lui ? (*silence*) Être amant ouvertement serait le plus simple mais ni Henrique ni cette Momina ne l'accepterait... Se voir "en secret"... Rejouer "*Les vaisseaux du cœur*" de ma chère Benoîte Groult ?... À ne se voir qu'en secret on se crée des instants sacrets... Enfin, quelle belle semaine ce fut !... et c'est déjà ça, de passer une grande semaine d'Amour de temps en temps... À notre âge ! (*silence*) Je vais lui rentrer dedans, à la pouf ! (*en souriant*) On verra ce qu'elle a vraiment dans le ventre !... De toute manière, je n'ai rien à perdre !... Henrique ne me manque même pas !... Je ne l'ai même pas appelé ! Je n'ai même pas ouvert mon portable pour voir s'il m'avait submergée de messages ! Fanny coupée du monde ! Je n'aurais aucune difficulté à lui faire gober une totale absence de réseau... Stéphane croyait bien aux pannes de courant d'Addis-Abeba en 2010 ! Il n'a rien à perdre non plus, mon Stéph... Certes, je ne me vois pas vivre ici plus de quelques semaines... Et je ne le vois pas à Madrid... Mais enfin, (*en souriant*) on sera allé « *au bout de nos rêves.* » (*en fredonnant*) « *j'irai au bout de mes rêves* »... Je me déteste dans ces irrépressibles élans de midinette intoxiquée de bluettes... (*silence*) De toute manière, il reste avec elle pour de mauvaises raisons !...

Entrée de Momina.

Fanny, *se retournant* : – J'ai failli avoir peur. Heureusement que je suis dans une tenue et une attitude décentes.

Momina : – Oh, excuse-moi, j'aurais dû frapper... C'est l'habitude...

Fanny *se lève, et en l'embrassant* : – Ah ! L'habitude... Ma chère Momina et ses habitudes, quel plaisir de te rencontrer en vrai !

Momina : – Quel plaisir, Fanny ! Stéphane m'a tellement parlé de toi. J'espère ne pas t'avoir réveillée en rentrant cette nuit.

Fanny : – Je dors comme un bébé ! Même une bataille de chats n'aurait pas eu raison de mon sommeil.

Momina : – Tant mieux. J'aimerais dormir aussi profondément...

Fanny : – Alors, tu as su résister à tes habitudes ?

Momina : – Mes habitudes ?

Fanny : – Tes tentations de petite midinette.

Momina : – Oh ! Quelle question !

Fanny : – Pourtant logique.

Momina : – Tu te fais le porte-parole de Stéphane ou est-ce de ta propre initiative ?

Fanny : – J'ai passé l'âge d'être porte-parole ! Rassure-toi, Stéphane ne m'a montré aucune inquiétude sur ta fidélité retrouvée. D'après moi, il avait tort !

Momina : – Tu me classes parmi les chaudes à l'affût de la moindre occasion ?

Fanny : – Je t'ai simplement demandé, de manière cordiale, courtoise et amicale, si tu avais résisté à tes tentations de midinette. Rien de plus.

Momina : – Qu'entends-tu par "tentations de midinette" ?

Fanny, *en souriant* : – Le besoin d'entendre de beaux compliments, prononcés avec de grands sourires et des yeux qui brillent, d'aller toujours plus loin pour être de plus en plus complimentée, en se cachant comment ça finira... Prétendre rester fidèle à l'Amour alors qu'on est juste fidèle à son besoin de plaire... Avoir 17 ans dans un corps de 35... Et comme tu le sais sûrement, à 17 ans, on se satisfaisait vite, s'embrasser suffisait pour jubiler... tandis qu'à 35, ça dure souvent jusqu'au petit matin...

Momina : – Moi qui me réveillais d'humeur très joyeuse.

Fanny : – Après une belle nuit de retrouvailles ! Un peu comme en avril 2010 !

Momina : – J'avais mon bouclier d'Amour et aucune flèche n'aurait pu le percer.

Fanny : – Donc tu as eu la chance qu'une femme soit ta voisine et tu en tires orgueil pour affirmer « je n'ai pas donné mon numéro de téléphone à un dragueur qui m'invitera au restaurant dans quelques semaines. » Il est plus facile de gérer un amant à 10 000 kilomètres qu'à 20 centimètres !

Momina : – Tu dresses un portrait peu flatteur de moi.

Fanny : – Je t'ai posé une petite question anodine et elle a suffi pour t'enflammer... Il n'y a pas de feu sans origine !

Momina : – Comme tu résumes notre échange ! Je me suis quand même sentie accusée...

Fanny : – Certes... C'est à moi qu'écrivait Stéphane en avril mai juin 2010, et même s'il a la mémoire courte je ne peux pas te considérer comme une femme digne de lui.

Momina : – Tu as le mérite d'être franche. Bien, j'espère que tu as passé un agréable séjour et que ton retour se passera bien.

Fanny : – Tu préfères donc m'éviter durant la journée pour t'épargner un véritable dialogue. C'est peut-être une déformation profession-nelle mais l'hypocrisie des grands sourires ne m'intéresse pas. J'apprécie les échanges francs et sincères, même s'ils nécessitent d'aborder des zones peu honorables.

Momina : – Je n'ai pas besoin d'accusations. Je sais ce que j'ai fait en mars 2010 et pourquoi je l'ai fait. Je me suis trompée. Je m'en suis excusée et Stéphane a accepté mon repentir.

Fanny : – Quel repentir ! Un « désolé » ! Alors que déjà en décembre 2009 tu venais ici avec dans la poche la carte de cet étalon italien.

Momina : – Stéphane a fait mon procès. Je n'ai aucune excuse mais je l'Aime et je veux faire ma vie avec lui. Je ne vis pas dans le passé. Je suis totalement impliquée dans notre couple. J'espère d'ailleurs que l'on pourra rapidement célébrer notre mariage. Peut-être te proposera-t-il d'être son témoin.

Fanny : – Si tu ne m'obliges pas à me convertir.

Momina : – Je suis très ouverte et tolérante, tu sais. J'ai même des amis homosexuels.

Fanny : – Donc tu ne m'obligeras même pas à revêtir la Burqua pour assister à votre passage devant monsieur le Maire !

Momina : – Ça te rassure.

Fanny : – Je préférerais également être certaine que tu ne vas pas de nouveau torpiller Stéphane avec tes exigences religieuses.

Momina : – Tu es son amie d'enfance, j'aimerais que tu deviennes la mienne. Mais certaines choses ne regardent que Stéphane et moi.

Fanny : – Tu oublies que tu l'as tellement poignardé dans le dos qu'il se confiait à moi.

Momina : – Non. C'est justement pour cela que je te rappelle que j'aimerais qu'on devienne amies.

Fanny, *en souriant* : – Je ne suis pas opposée à ce que l'on devienne amies…

Momina, *en souriant* : – Donc on le deviendra sûrement.

Fanny : – Si tu le souhaites, on peut débuter immédiatement... Si Stéphane dort encore, on peut en profiter pour faire un câlin.

Momina : – Oh !

Fanny : – Stéphane doit t'avoir confié que je préfère les femmes.

Momina : – Ah, c'est pour cela qu'il ne s'est jamais rien passé entre vous ?

Fanny : – Tu sais, Stéphane et moi, on se connaît très peu, finalement... Nous avons été proches quelques semaines à 20 ans. J'étais en couple alors depuis deux ans. Ce qui est énorme à cet âge-là. Et il n'a pas vraiment insisté... Je ne sais pas la manière dont il t'a parlé de notre flirt mais il s'est rapidement consolé de mon départ en Alsace... puisque dès mon retour je l'apercevais au bras de l'Angélique dont tu dois également avoir entendu causer...

Momina : – Et toi, à ton retour d'Alsace, tu pensais te jeter dans ses bras ?

Fanny : – Avec Philippe, les premiers jours furent plutôt fabuleux... Il était très attentionné... C'est là que Stéphane a réussi à trouver le numéro de téléphone de ses parents et m'a appelée... Forcément, je l'ai envoyé balader... Comment aurais-je pu faire autrement avec « mon fiancé » et sa famille installés à quelques mètres... C'était l'époque d'un seul et unique téléphone filaire dans les foyers... Et il m'a justement appelée à l'heure du repas... Mais un mois, c'est long... De la même manière qu'il t'a fallu quelques jours pour comprendre que tu ne ferais pas ta vie avec Carlo, il me les a fallu pour remettre Philippe à sa place... Mais Stéphane avait rencontré Angélique... et tu sais qu'elle reste la femme avec laquelle il a le plus longtemps vécu... Tu vois, je me confie à toi comme à une amie... Tu viens faire un câlin ?

Momina : – Non seulement ma religion me l'interdit mais les femmes ne m'ont jamais attirée.

Fanny : – Car pour ce qui est des interdits de ta religion, il te suffit de recourir au « Dieu l'a voulu pour me tester », et le tour est joué ! Tu crois vraiment en Dieu ?

Momina : – Quelle question ! Dieu est une évidence.

Fanny : – J'ai surtout l'impression qu'il est une manière de manipuler. Tu dois faire ce que Dieu veut mais moi il m'autorise quelques libertés !

Momina : – Je sais ta haine des religions, de toutes les religions, pas seulement la mienne, donc sur ce sujet nous ne pourrions qu'opposer nos certitudes.

Fanny : – Avoue quand même qu'elle te pourrit la vie, ta religion !

Momina : – Non, elle lui donne un sens.

Fanny : – En tout cas, du peu que je sais de toi, si j'avais les clés du paradis, tu n'as aucune chance de pouvoir y entrer. Tes mauvaises actions méritent l'enfer !

Momina : – Dieu pardonne celles et ceux qui savent reconnaître leurs fautes.

Fanny : – Commettre une faute et croire qu'elle sera pardonnée, je peux te l'accorder. Mais recommencer et croire de nouveau au pardon, c'est prendre Dieu pour une bonne poire.

Momina : – Je n'ai pas recommencé.
Fanny : – Tu t'es comportée avec Stéphane comme tu l'avais fait quelques années plus tôt avec ton mari.
Momina : – Tu souhaites vraiment instruire mon procès. Si ça ne te dérange pas, je vais prendre une douche.

Elle sort par l'autre porte.

Fanny *sourit* : – Je ne sais pas où cela nous mènera mais la journée sera tendue ! Et rien ne me rappelle à Madrid ! *(silence, sourire...)* Je cherche quoi ?... Vais-je faire une connerie ?...

> *On frappe à la porte où était entrée Momina. C'est donc forcément Stéphane.*

Fanny : – Tu peux entrer, Stéph...

> *Il entre discrètement, semble s'assurer de l'absence de Momina.*

Fanny : – Contrairement à ta compagne, tu as la délicatesse de frapper avant d'entrer...

Stéphane : – Alors ?
Fanny : – J'ai très bien dormi. Même si les chats du quartier s'en sont donnés à cœur joie...
Stéphane : – Fripouille t'a réveillée ?...
Fanny, *en souriant* : – Elle avait dû organiser une fête car ses ébats furent bruyants...

Stéphane, *plus bas :* – Elle se douche ?
Fanny : – Oui.
Stéphane, *toujours bas :* – Excuse-moi de t'avoir imposé ces retrouvailles.
Fanny : – J'espère que c'est la dernière fois !

Stéphane la regarde avec surprise...

Fanny : – Oui, j'ai bien réfléchi. Si tu me demandes de choisir entre Henrique et toi, je reste. C'est sûrement la dernière chance que la vie nous offre. Si tu me sacrifies Momina, je te sacrifie Henrique. Je n'ai pas envie de mettre le mot fin après nos quelques jours de bonheur. Ça te surprend ?
Stéphane : – Fanny... tu... C'aurait été plus simple si on en avait parlé hier soir...
Fanny : – Oui, « on sait ce qui va arriver demain, donc on vit cette soirée comme une apothéose, on ne pense qu'à l'amour... que ça reste la plus belle semaine de notre vie... » Oui, je sais, je nous ai entraînés à ne pas rêver d'un futur tout autre qu'une simple parenthèse dans nos vies... Mais ce fut si beau !... C'est donc possible, toi et moi ! Tu sais qu'Henrique compte pour moi sûrement plus que ta Momina... Donc il m'a semblé normal que ce soit à moi de prendre l'initiative même si je suis persuadée que tu y pensais aussi...
Stéphane : – Oh, Fanny...
Fanny : – C'est à prendre ou à me laisser repartir !

Rideau

Acte 3

Quinze jours plus tard. Fanny et Stéphane en peignoir dans le salon... Fanny allongée sur le canapé-lit, Stéphane debout près de porte de la salle de bains...

Stéphane : – On joue avec feu... On se rhabille de plus en plus tard... Elle va finir par nous surprendre...

Fanny : – C'est peut-être ce que je cherche !... Tu la crois vraiment dupe ?

Stéphane : – Elle te trouve très chiante, car ça l'oblige à revenir chaque soir.

Fanny : – Oh la conne ! Si je n'étais pas là, elle te laisserait dormir seul en restant dans sa petite chambre d'étudiante... et elle revient me frustrer de douces nuits...

Stéphane : – On ne tiendrait pas, jours et nuits... Je vais prendre une douche...

Il sort...

Fanny, *en souriant :* – Et si je restais en peignoir ! Il faut bien que se dénoue cette grotesque situation. Je n'aurais jamais dû l'accepter. Je me déteste de cette faiblesse.... Ou alors, repartir... et on finira notre vie en vieux amants qui se trouveront régulièrement une bonne raison de passer une semaine ensemble...

Le téléphone sonne. Fanny se lève pour répondre.

Fanny : – Oui (...) Vous êtes à la bonne adresse, je suis une amie (...) Je peux vous passer son compagnon (...) Veuillez patientez.

Fanny se lève, ouvre la porte par laquelle était sorti Stéphane...

Fanny, *voix forte :* – « Mon amour, un gendarme souhaite te parler... Momina a eu un accident de voiture. »

Stéphane, en peignoir, revient, prend le téléphone...

Stéphane : – Oui (...) Bonjour (...) Elle vit bien ici, je suis son compagnon depuis deux ans, elle est divorcée depuis plus d'un an et ses enfants vivent en Ethiopie avec leur père (...) Nous arrivons, merci. (...) Au revoir.

Stéphane raccroche, se tourne vers Fanny...

Stéphane : – C'est au collège qu'ils leur ont donné ce numéro. Elle est tombée dans le ravin entre Castelnau et Montcuq... Elle a été transportée sans connaissance à l'hôpital de Cahors... La voiture est détruite... Faudrait qu'on passe au commissariat avant l'hôpital... Ils ont besoin de sa carte Vital et compagnie...

Fanny : – Tu souhaites donc que je vienne avec toi ?

Stéphane : – J'ai répondu « on », c'est un fait certain ! Ça ne te dérange pas de m'accompagner ?
Fanny : – Je suis qui, pour toi ?
Stéphane : – Tu le sais bien !
Fanny : – C'est donc la main de Dieu qui est intervenue sur le volant ?!
Stéphane : – Ou celle de Maradona !

Ils s'enlacent...

Rideau

Acte 4

Quelques semaines plus tard. À la table du salon, Momina (dans un fauteuil roulant), Fanny et Stéphane devant un gâteau.

Momina : – C'est très gentil à toi de t'être souvenu de mon gâteau préféré. Je n'ai jamais mangé un aussi bon moka. Mais parlons de choses sérieuses.

Stéphane : – Ce n'est pas sérieux, le moka ?

Momina : – Comme vous le savez, seul Dieu pourrait me redonner l'usage de mes jambes. La médecine ne me laisse aucun espoir. Mon cerveau ayant été épargné, je me doute que Dieu ne me jugera pas digne d'une telle intervention. Je vais donc finir ma vie dans un fauteuil roulant. Je suis entrée dans la catégorie des travailleurs handicapés de l'éducation nationale. J'aurai droit à des horaires aménagés et à une voiture aux commandes manuelles... Merci la France !

Silence.

Stéphane : – Comme quoi tu as eu raison de demander la nationalité française dès que ce fut possible !

Momina : – La France généreuse avec ses enfants, même adoptés ! Merci de m'avoir adapté la salle de bains.

Stéphane : – Mais c'était normal.

Momina : – Bref, ne vous inquiétez pas. Pour les quelques mois ou peut-être seulement semaines de notre cohabitation, je me comporterai comme une bonne locataire. Fanny, je sais bien que tu as apporté ce matin dans cette pièce tes affaires mais ce sera désormais, si vous le voulez bien, la mienne.

Silence.

Momina : – Je ne vous demande pas si cela a commencé bien avant mon accident mais je ne peux pas croire, Fanny, que tu sois restée ici uniquement à cause d'une dispute avec Henrique. Finalement, j'ai récolté ce que j'avais semé.

Fanny : – Tu te trompes ! Il n'était pas prévu que je reste !

Stéphane ne peut masquer l'effet de surprise produit par cette déclaration.

Fanny : – J'ai mis de côté ma vie professionnelle durant quelques mois mais je ne suis pas rentière ! Tu sais que mes livres se vendent encore moins bien que ceux de Stéphane. J'attendais ton retour pour annoncer qu'il me faut revoir Madrid. J'ai pensé normal de soutenir Stéphane durant cette épreuve. Et si ça te rassure, je ne pense pas qu'il me suivra.

Silence.

Momina : – J'ai perdu mais je crois que tu as également perdu, mon chaton ! Et puisque nous nous disons tout : j'ai demandé ma mutation pour l'Ethiopie. Elle sera sûrement acceptée dès septembre.

Silence.

Momina, *en souriant* : – Tout cela te laisse sans voix ? Je t'ai demandé de te convertir pour permettre notre mariage. Tu savais que mes parents tenaient à ce papier pour pouvoir également chez eux le célébrer. Oui, je sais avec notre argent ! Ces gens-là non seulement réclament de l'argent mais veulent imposer leur religion. Mais je ne vais plus t'embêter avec tout cela. J'ai compris que jamais tu ne te convertiras.

Silence.

Momina, *en souriant* : – Tout cela te laisse sans voix ?

Stéphane : – Tu as toujours su que jamais tu ne m'imposerais ta religion.

Momina, *en souriant* : – Mon ex-mari, lui, s'était converti. Comme tu le sais, mon ex-mari a été plus présent que toi, n'hésitant pas à revenir en France avec nos enfants. Il m'a proposé de retourner vivre près d'eux, et j'ai accepté.

Silence.

Momina, *en souriant* : – Tout cela te laisse sans voix ?

Stéphane : – Puisque tu y tiens vraiment... Mais s'il ne me semble pas nécessaire de commenter ta décision, simplement en prendre acte.

Momina, *en souriant* : – Donc tout cela te laisse sans voix ?

Stéphane : – Bon... Tu retrouveras dans nos échanges sur skype ma prédiction aujourd'hui réalisée : quand tu aurais trahi, lassé tout le monde, il te resterait ton mari pour te reprendre. Comme tu le sais, je n'ai jamais été très doué pour rompre. J'aurais dû le faire par mail début février, quand tu séjournais chez tes parents... (*Momina se fige, ne sourit plus, comprend ce que cela signifie*) Quant à ce que Fanny et moi pourrions nous dire, je ne te ferai pas l'honneur d'assister à notre conversation.

Momina, *en souriant de nouveau* : – Nous en sommes effectivement là, toi et moi. Je remercie Dieu de m'avoir ouvert les yeux, même s'il a dû me les fermer dans un virage pour y parvenir. Mon mari est effectivement le seul homme qui m'ait accepté comme je suis et m'accepte encore malgré mon handicap, sans me juger. J'ai cherché l'amour, avec Pascal, toi, Carlo et encore toi... C'est fini. Je serai désormais la mère de mes enfants. Mais je vois que niveau amour, vous ne pouvez pas me donner de leçons.

Fanny : – Tu sais Momina... J'ai mis de côté

ma vie professionnelle et je ne suis pas rentière ! S'il me faut effectivement repartir à Madrid... Je l'ai annoncé un peu brutalement. Également pour voir la réaction de Stéphane. Car effectivement nous avons trop tardé, nous avons laissé traîner mais je ne pouvais pas croire que tu n'avais rien remarqué. Et je partage l'approche de Stéphane : maintenant qu'enfin nous n'avons plus à nous cacher, nous n'allons pas t'accorder l'honneur d'assister à notre conversation.

Momina : – Finalement, ça tombe bien, vous n'avez pas besoin de vous réfugier dans votre chambre, il me faut passer quelques instants aux toilettes... (*elle pousse son fauteuil, qu'elle manie avec dextérité*) Et je serai même plus longue que nécessaire !

Dès la porte refermée (claquée) derrière elle...

Stéphane : – Alors, on fait quoi ?
Fanny : – Je te propose : 50% ici, 50% à Madrid.
Stéphane : – Tu as de la place pour huit poules, un coq, trois canards, l'oie, les douze pigeons ?... Les seize pommiers, douze figuiers, neuf pruniers, quatre cerisiers ?...
Fanny : – Vivre ici six mois par an représente de gros sacrifices... Mais ça ne peut pas fonctionner dans un seul sens, les sacrifices.
Stéphane : – Tu me crois capable de vivre à Madrid ?

Fanny : – Non ! Mais tu m'aimes et tu sais qu'il n'y a pas d'autre solution.

Stéphane : – Moi, à Madrid ?

Fanny : – Et moi, ici !? Tu sais ce que ça représente de vivre dans un coin perdu comme ce village, quand on vit depuis dix ans à Madrid ?

Stéphane : – Et le pire, c'est que la proposition raisonnable, c'est la tienne. Je ne peux même pas trouver un argument pour te demander de vivre à plein temps dans ce trou du monde. Mais je ne pourrais plus vivre en ville.

Silence. Tristesse de Fanny.

Fanny : – Malheureusement, c'est bien ce que je croyais... Donc tu m'excuses d'avoir été un peu brutale dans ma manière de l'annoncer...

Stéphane, *en souriant :* – Donc on va essayer !

Fanny : – Tu...

Fanny se lève. Stéphane se lève, elle se jette dans ses bras.

Stéphane, *en souriant :* – Mais il va falloir que tu participes au sacrifice des bêtes !

Fanny : – Je ne peux pas tuer un animal. Mais oui, on le fera ensemble. Je t propose de garder papa et maman pigeon... Une petite cage pour leur retraite, tu penses qu'ils survivront ?

Stéphane, *en souriant :* – Ils survivront et nous offriront même plein de pigeonneaux !

Momina ouvre la porte, les observe enlacés. Ils ne la voient pas. Après quelques secondes d'effroi :

Momina, *en souriant (ou sent néanmoins l'auto-persuasion)* : – Tant mieux pour eux... Je n'ai aucune haine en moi, ni regret... Qu'ils vivent leur jeunesse manquée... Dieu m'a réservé une mission bien plus importante.

Rideau - Fin

Stéphane Ternoise

Stéphane Ternoise est né en 1968. Il publie depuis 1991. Il est depuis son premier livre éditeur indépendant.

Dès 2004, il a proposé des livres numériques, en PDF. Mais c'est en 2011 seulement que les ventes dématérialisées ont démarré. Son catalogue numérique (depuis mi 2011 distribué par Immateriel) a ainsi rapidement dépassé celui du papier, grâce à des essais, des livres de photos... tout en continuant la lente écriture dans les domaines du théâtre et du roman. Depuis octobre 2013, et son « identifiant fiscal aux États-Unis », son catalogue papier tend à rattraper celui en pixels.
http://www.livrepapier.com ou
http://www.livrepixels.com

Il convient donc, de nouveau, d'aborder l'auteur sous le biais de l'œuvre. Ainsi, pour vous y retrouver, http://www.ecrivain.pro essaye de fournir une vue globale. Et chaque domaine bénéficie de sites au nom approprié :
http://www.romancier.net
http://www.dramaturge.net
http://www.essayiste.net

http://www.lotois.fr

Vous pouvez légitimement vous demander pourquoi un auteur avec un tel catalogue ne bénéficie d'aucune visibilité dans les médias traditionnels. L'écriture est une chose, se faire des amis utiles une autre !

Mentions légales

Imprimé par CreateSpace, An Amazon.com Company pour le compte de l'auteur-éditeur indépendant.
livrepapier.com

ISBN 978-2-36541-655-9
EAN 9782365416559
Le boomerang de la trahison de Stéphane **Ternoise**
© **Jean-Luc PETIT - BP 17 - 46800 Montcuq - France**
Dépôt légal : 2 avril 2015